Haz del teatro algo íntimo

Llévalo siempre en el bolsillo

Cubierta y diseño editorial: Éride, Diseño Gráfico
Dirección editorial: ángel jiménez

Primera edición: junio, 2024

La priora
© Arturo Tendero
© VdB, 2024
Espronceda, 5
28003 Madrid

VdB

ISBN: 978-84-19850-62-1
Depósito Legal: M-13421-2024
Diseño y preimpresión: Éride, Diseño Gráfico

Este libro protege el entorno

la priora

Arturo Tendero
(Albacete, 1961)

Estudió Periodismo y Teatro y es profesor de Educación Física. En 2000 estrenó una versión libre de *El mercader de Venecia* con el grupo Cómicos. En la actualidad trabaja con la cooperativa teatral EA Teatro con la que ha preparado y representado sus dramas *Un café bien cargado* (2015), *Padres putativos* (2019) y ahora *La priora*.

Como poeta ha publicado *Una senda de aldeas cotidianas* (Diputación de Albacete, 1991), *Las aves sin dueño* (La Siesta del Lobo, 2000), *Adelántate a toda despedida* (Pre-Textos, 2005), *La memoria del visionario* (Visor, 2006), *Cosas que apenas pasan* (Hiperión, 2008), *Alguien queda* (Renacimiento, 2013), *El otro ser* (Isla de Siltolá, 2018), *El principio del vuelo* (Páramo, 2022) y *A todo esto* (Pre-textos, 2023). En este género ha obtenido, entre otros galardones y reconocimientos, los premios Jaén, Gerardo Diego, Manuel Alcántara y José Agustín Goytisolo. Ha publicado además libros de relatos (*La hora más peligrosa del día*) y de artículos periodísticos (*Chinchilla mon amour*), de viajes (*Viaje a Nemiña y a la Castilla mística*) y varias antologías poéticas.

Ejerce la crítica literaria en *InfoLibre*, *La Tribuna de Albacete* y el blog *El mundanal ruido*. Cofundó con Juanjo Jiménez la revista *La siesta del lobo*, de la que han aparecido veinte números y que ha publicado también medio centenar de libros. Desde 2001 organiza las jornadas *Poesía Viva*, ahora en las primaveras de Albacete. Fue alcalde de Chinchilla en 2013.

ARTURO TENDERO

---

la priora

Esta obra se estrenó en la sala EA Teatro de Albacete
el 25 de mayo de 2024 interpretada por José Zafrilla (DAGA),
Juan Cris Perona (POSTULADOR), Cleo Alcañiz (CLAVARIA)
y Kike Rueda (PRIORA).

Dirección: Paco Redondo.

Con el mismo elenco, la función abrió la edición
del Festival de Teatro Clásico de Chinchilla,
el domingo 23 de junio de 2024

Dos monjas para salvar un legado
(contexto histórico)

Corre el año 1621 en el convento carmelita de Beas de Segura. Hace ya 40 años que murió la fundadora Teresa de Jesús. Enseguida la declararon beata y ahora están a punto de canonizarla. Sin embargo, sus rivales en la Orden de las Carmelita Descalzos tomaron el poder y han logrado desmantelar la reforma teresiana. El poema «Cántico espiritual» de su colaborador fray Juan de la Cruz ha estado prohibido por la Inquisición hasta hace apenas tres años. Los carmelitas más fieles a la santa de Ávila han sido expulsados del país o han tenido que exiliarse, como habría ocurrido con fray Juan si no hubiera muerto en 1591.

Ana Lobera, conocida como Ana de Jesús, la discípula de santa Teresa que asumió su legado al morir esta, fue una de las que tuvo que poner tierra de por medio. Primero se exilió en Francia y luego en Bélgica, donde siguió fundando conventos. En el año en que transcurre nuestra obra, Ana de Jesús acaba de morir en Bruselas. Sus admiradores son mucho más numerosos fuera que dentro de la península. Reclaman que suba a los altares. El proceso de beatificación se ha iniciado de inmediato. Sin embargo, en España, sus mismos compañeros, los carmelitas descalzos, se afanan en borrar las pruebas de su vida.

Hablamos de Ana de Jesús, la monja que compartía celda con Teresa de Jesús cuando la madre de Ávila estaba escribiendo *Las fundaciones*, la que más tarde le insistió a fray Luis de León para que publicase las obras completas de la Santa; la que convenció al fraile agustino para que acabase *El libro de Job,* que este le dedicó al cumplir el propósito. Hablamos de la monja que se aseguró de que se hiciesen copias manuscritas del «Cántico espiritual» de fray Juan de la Cruz, la que finalmente se llevó al exilio la copia que el mismo autor le había dedicado. La monja que, al morir, lo dejó todo dispuesto para que el «Cántico espiritual» se publicase. Gracias a ella se imprimió en París en 1623, aunque traducido al francés. En castellano vería la luz cuatro años más tarde en la ciudad de Bruselas. En la península aún tendría que esperar hasta 1630.

En EATeatro hemos reproducido el afán de borrar huellas de quienes querían impedir la beatificación de Ana de Jesús. Lo personalizamos en unos carmelitas que llegan con nocturnidad y alevosía al primer convento en el que Ana fue priora, el de Beas de Segura. Allí encuentran a dos monjas desvalidas pero valerosas que poco a poco van comprendiendo que solo ellas pueden salvar una parte esencial del legado de aquella mujer admirable.

Hasta aquí podemos contar.

Si nos atenemos a los hechos probados: durante 400 años todos los intentos de subir a los altares a Ana de Jesús, que han sido numerosos, se han cerrado sin éxito. Curiosamente, en 2023, mientras preparábamos el montaje de *La priora*, el papa Francisco ha aprobado el milagro que permitirá beatificarla. Es como si hubiera escuchado nuestros parlamentos. El proceso se tutela desde el convento carmelita de Bruselas, donde está enterrada.

Pero ¿qué pasó aquella noche del invierno de 1621 en Beas?

Si quieres hacerte una idea, síguenos.

Personajes

por orden de intervención.

DAGA	Monje carmelita.
POSTULADOR	Monje carmelita.
CLAVARIA	Monja carmelita.
PRIORA	Monja carmelita.

Espacio escénico:

Exterior e interior del convento carmelita de Beas de Segura en una noche fría del año 1621.

1. ¿Es este el convento?

La puerta exterior del convento de monjas carmelitas de Beas de Segura en una noche profunda del invierno de 1621. Aparece DAGA *con una antorcha.* POSTULADOR *chista desde fuera de escena.* DAGA *lo espera.*

POSTULADOR   Esperad, hombre. ¿Es que no sabéis lo que me cuesta bajar del caballo? ¡Qué ansias!

DAGA   Lo que ordenéis, padre.

POSTULADOR   ¿A vos no os duele aquí abajo, del baqueteo?

DAGA   Pues no.

POSTULADOR   Qué suerte.

DAGA   Es cuestión de acostumbrarte.

POSTULADOR   Será. Me da miedo hasta mear. (*Silencio.*) ¿Es aquí?

DAGA   Aquí es. Por el tejado asoma una espadaña, o sea que hay una capilla. ¿Llamo?

Postulador   Sí. No. ¡Esperad! Mejor que llame yo.

(*Se intercambian la antorcha.*)

2. Fino tenéis el oído

POSTULADOR *se dispone a llamar, cuando suena una voz.*

CLAVARIA   ¿Quién anda ahí?

POSTULADOR   Fino tenéis el oído.

CLAVARIA   Me despierta hasta el ruido de una mosca.

POSTULADOR   No he llegado a posar ni el puño en la puerta.

CLAVARIA   La ventana de mi celda da aquí mismo. Pero ¿quiénes sois?

POSTULADOR   Soy el padre Yago del Espíritu Santo. Me envía el prepósito general de los Carmelitas Descalzos.

CLAVARIA   Pues qué horas traéis, padre (*Fijándose.*) Y venís a caballo. La primera vez que veo a un carmelita llegando a caballo. Dos caballos. Me encantan los caballos.

POSTULADOR   Además de buen oído, tenéis buena vista. No sé cómo podéis ver los caballos en una noche tan cerrada.

CLAVARIA   Los he oído y los huelo. ¿El prepósito general, decís?

POSTULADOR   Sí, él nos envía. Es misión muy principal la que traemos. Avisad a la priora.

CLAVARIA   Yo soy la hermana Clavaria. Perdóneme, padre, pero no son tiempos de fiarse de cualquiera que llama a la puerta, aunque venga a caballo. Me tendrá que enseñar la encomienda del prepósito general.

POSTULADOR   Claro, claro, no esperaba menos.

(*Se la requiere a* DAGA.)

CLAVARIA   Espero reconocer el sello. Son malas horas para ver cualquier cosa.

POSTULADOR   Aquí tiene la encomienda (*A través de la celosía.*) El sello está bien clarito aquí abajo. Estas son las tres estrellas y este es el árbol del Monte Carmelo.

CLAVARIA   (*Girando el papel con torpeza y esforzándose en comprender.*) Ah, sí sí. Veo el sello. Muy claro. Es del prepósito general, no cabe duda. Esperad, padre, voy a buscar a la priora, que tiene la otra llave de la puerta. Ya sabéis que, si no se juntan las dos llaves, no podemos abrir. Estamos en un convento de clausura.

POSTULADOR   Soy fraile, hermana. Conozco el procedimiento.

CLAVARIA   (*Se iba, pero vuelve y se asoma.*) Igual tardo un poco porque la priora estará dormida. Aunque es una mujer santísima, a estas horas hasta los santos...

POSTULADOR   Me hago cargo.

CLAVARIA   Pueden arrimarse al soportal, si quieren.

POSTULADOR   No, gracias. Esperaremos aquí.

(CLAVARIA *hace mutis.*)

3. Despertad, madre

CLAVARIA   Despertad, madre. Despertad.

PRIORA   ¿Qué pasa?, ¿qué pasa? ¿Es ya hora del rezo?

CLAVARIA   Ni por asomo. El gallo está en el primer sueño.

PRIORA   ¿Entonces?

CLAVARIA   Madre, en la puerta hay un emisario del prepósito general.

PRIORA   Estáis de broma.

CLAVARIA   Bonitas horas son estas para bromear... Y le acompaña un monje que estremece solo con verlo. Mirad como tirito.

PRIORA   Tenéis las manos heladas. ¿Os ha dicho qué quiere?

CLAVARIA   Ha preguntado por la priora y he venido corriendo a buscaros.

PRIORA   Virgen santísima.

CLAVARIA   Asegura que le trae asunto muy principal.

PRIORA   Os tengo dicho que no me pellizquéis.

CLAVARIA   Es el reconcome de los nervios.

PRIORA   ¿Qué pinta tiene ese fraile?

CLAVARIA   De tonto.

PRIORA   Lo que faltaba. (*Ajustándose la toca.*) Vamos a que nos aclare a qué viene.

CLAVARIA   Os sigo.

4. Están tardando

DAGA   Están tardando.

POSTULADOR   (*Lo mira.*) ¡Volvéis a afilar esa hoja!

DAGA   Me tranquiliza.

POSTULADOR   Terminará cortando con solo mirarla.

DAGA   A ver si al final no van a salir.

                 (*Se acerca a la puerta y el* POSTULADOR *lo retira.*)

POSTULADOR   Ya lo ha dicho la portera. La priora estará durmiendo profundamente, que es lo que se suele hacer a estas horas.

DAGA   Los místicos no duermen. Cada vez quedan menos monjas místicas.

POSTULADOR   Entonces la portera debe de ser mística, porque me ha abierto antes de oírme resollar.

DAGA   ¿No la habéis notado nerviosa?

POSTULADOR   Es comprensible. Un emisario del prepósito general se presenta pocas veces en la vida. (*Si-*

lencio.) ¿Cuántas monjas viven en este carmelo?

DAGA   Según mis referencias, siete.

POSTULADOR   Pocas.

DAGA   ¿Y qué?

POSTULADOR   Los descalzos estamos de capa caída.

DAGA   El hábito descalzo es especialmente duro para las monjas. Las que entran sin vocación, que son casi todas, prefieren vidas menos austeras.

POSTULADOR   Mucho sabéis de monjas.

DAGA   Lo imprescindible.

POSTULADOR   Cuantos menos seamos los carmelitas, menos pintamos.

DAGA   Decís bien. A este paso vamos a quedar el prepósito general y yo.

POSTULADOR   ¿Qué chanza es esa, fray Lucio?

DAGA   No bromeo, padre.

POSTULADOR   El diablo habla por vuestra boca.

Daga   Puede permitirse esa licencia, ya que mi alma está condenada.

Postulador   No deis nada por perdido, hijo. El Señor nuestro Dios sabe reconocer los sacrificios y sabrá gratificar a alguien como vos que está dispuesto a renunciar a todo para servirle. Incluso a la salvación.

Daga   Pues amén, amén, que así sea (*Vuelve a afilar la daga.*) De momento doy el alma por perdida. Si llegando ante san Pedro, me encuentro con otra cosa, eso que saldré ganando.

5. Una misión que no admite demora

CLAVARIA y PRIORA introducen las llaves en la puerta, las hacen girar y asoman cubiertas con velos.

PRIORA

El Espíritu Santo sea con vuestras reverencias. ¡Señor y qué horas de andar tocando puertas!

POSTULADOR

(*Extendiendo la mano para que* PRIORA *le bese el anillo.*) Nos trae una misión que no admite demora.

PRIORA

¿Tan misteriosa es que no podemos tratarla dentro, en el locutorio? No hace noche para charlar al raso.

POSTULADOR

¿Por qué está el pueblo tan tranquilo? Ni perros se oyen.

PRIORA

Hay romería. Han ido al río, que está a varias leguas de camino. Creía que habíais elegido la ocasión por eso.

POSTULADOR

No tenía ni idea. Pero hablaremos aquí. Prefiero resolver este asunto sin despertar al resto de las hermanas.

(Priora y Clavaria *se miran.*)

Priora   Me tenéis en ascuas, padre. Contad, qué misión traéis antes de que me derroten los nervios, o me deje pasmada el sereno que está cayendo.

6. ¿Conocisteis a sor Ana de Jesús?

POSTULADOR   Sí, mejor vayamos al grano: ¿vos conocisteis a sor Ana de Jesús?

PRIORA   Claro, era la priora cuando yo ingresé de novicia. Mal podría no conocerla.

POSTULADOR   Ha muerto en Bruselas.

PRIORA   Vaya. Triste noticia. Era una madre para nosotras. (*Silencio.*) ¿Pero venís de tan lejos, a estas horas y a caballo solo para notificarnos la muerte de la que ocupó este lugar?

POSTULADOR   Por supuesto que no. ¿Os habéis dado cuenta de cómo me fijaba en cada una de vuestras reacciones cuando he mencionado el nombre? Todo cuenta. Hasta el mínimo detalle.

PRIORA   ¿Para qué?

POSTULADOR   Sor Ana de Jesús ha sido designada Sierva de Dios.

PRIORA   No.

POSTULADOR   Sí.

CLAVARIA   ¿Y eso qué quiere decir?

PRIORA   Quiere decir que están investigando su vida para ver si la canonizan.

CLAVARIA   ¡Bendito sea Dios!

POSTULADOR   ¿Esa reacción?

CLAVARIA   Yo no la conocí. Yo llegué luego.

PRIORA   La madre Ana de Jesús fue priora de este convento hasta 1582, cuando marcharon fray Juan y ella a fundar el convento de Granada.

CLAVARIA   Yo ni había nacido.

POSTULADOR   (*Asintiendo despacio.*) Por supuesto, por supuesto. (*Silencio.*) El caso es que el prepósito general me ha encomendado que investigue los merecimientos de sor Ana de Jesús.

7. Os tomaré testimonio

PRIORA   Pues ya diréis en qué podemos ayudar es-
                tas humildes monjas.

POSTULADOR   Si vos la conocisteis personalmente, os to-
                maré testimonio.

PRIORA   Como queráis.

POSTULADOR   Anotad, fray Lucio. ¿Cómo era sor Ana de
                Jesús, hija mía?

PRIORA   Dejadme pensar. Estamos hablando de
                hace cuarenta años. Yo era muy joven en-
                tonces.

POSTULADOR   No es de vos de quien queremos saber.

PRIORA   Entiendo, entiendo. Para mí, la madre Ana
                fue una segunda madre. La recuerdo como
                una mujer pálida, muy culta, muy seria la
                mayor parte del tiempo, y sin embargo ca-
                riñosa cuando había que serlo…

POSTULADOR   ¡Cariñosa! ¿En qué sentido?

PRIORA   Pues sabía cuándo te sentías mal y el
                modo de consolarte.

POSTULADOR   (*Insidioso.*) ¿Cariñosa con todo el mundo? ¿Cariñosa con el vicario y confesor, por ejemplo?

PRIORA   Pues, no sé. Las confesiones son privadas. Yo no tenía acceso a las confesiones de la madre Ana.

POSTULADOR   ¿Quién era el confesor entonces?

PRIORA   El padre Juan de la Cruz.

POSTULADOR   Ah, ese. El poeta.

PRIORA   Sí, escribía. Y nos hacía componer versos a nosotras.

CLAVARIA   La madre Ana de Jesús le encomendó a la madre Isabel de la Encarnación que llevara un poema del padre Juan a Baeza y a Jaén para que sacasen una copia, lo encuadernasen y se solazasen con él.

POSTULADOR   Ajá. ¿Qué poema? ¿Uno que intitularon «Cántico Espiritual»?

PRIORA   Puede que fuera ese.

POSTULADOR   Tengo entendido que las monjas le brindasteis una gran acogida a fray Juan de la Cruz cuando llegó.

PRIORA   No sé cómo habéis podido enteraros.

POSTULADOR Es nuestro trabajo.

PRIORA Le ofrecimos fruta y cantamos unos romances. Yo aún era novicia.

POSTULADOR ¡Cantos, poemas, fruta...! ¡Anotad, anotad el testimonio, fray Lucio! Y anotad también que dos copias del poema que se intitula «Cántico Espiritual» se conservan en Baeza y Jaén.

DAGA Anoto.

POSTULADOR Lo del ágape lo ordenó la priora. Que a la sazón era sor Ana de Jesús.

PRIORA Seguíamos instrucciones de la beata Teresa de Jesús.

POSTULADOR ¡Ya salió la beata de Ávila! (*Bajando la voz al modo confidente.*) Tengo noticias. Que no salgan de aquí. Están a punto de canonizarla.

CLAVARIA ¿Ya? ¿Tan pronto? Ay, que alegría. Qué rápido. Si el Señor se la llevó a su lado anteayer como quien dice... Si no hace ni diez años que la beatificaron... La madre Teresa nació santa.

PRIORA Gran noticia. Se nota que tenéis buenos informantes en Roma.

POSTULADOR   No nos vayamos del tema. ¡Sois astuta, intentáis despistarme! Le ofrecisteis una fiesta al vicario.

PRIORA   El padre Juan sobrevivió de milagro a su secuestro en Toledo. Había que confortarlo.

CLAVARIA   Cuentan que los calzados lo sometieron a tantas penurias que se trasparentaba.

POSTULADOR   Estamos hablando de fray Juan de la Cruz.

PRIORA   Del mismo.

POSTULADOR   Del que escribió «El Cántico espiritual, canciones entre el alma y el esposo», en el que habla de amantes, cervatillos y pastores.

PRIORA   Habla del amor que se tienen el alma y la iglesia.

POSTULADOR   El alma y la iglesia. ¿Cómo sabéis que son el alma y la iglesia y no el propio fray Juan en connivencia pecaminosa con una monja? Con sor Ana de Jesús sin ir más lejos.

PRIORA   Porque así lo dejó escrito él mismo. Que eran el alma y la iglesia.

POSTULADOR   ¿Y os lo creéis?

PRIORA   Tengo que creerlo. El padre Juan nunca mentía.

POSTULADOR   Sois una mujer y os conviene creer. Pero yo
               estoy juramentado para cuestionarlo todo
               (*Examinándola como si le estuviera buscan-
               do una mancha microscópica en el hábito.*)
               ¿Por qué tuvo que explicar el poema?

PRIORA   Se lo pidió la priora.

POSTULADOR   ¡La priora! Otra vez sor Ana de Jesús.

PRIORA   A la madre Ana se lo suplicamos nosotras.

POSTULADOR   ¿Por qué? ¡Porque no entendíais esos amo-
               res con cervatillos, con gemidos! ¡Porque
               no le veíais la relación divina por ningún si-
               tio! ¡Para ocultar que las relaciones de las
               que habla el poema fueron carnales!

               (*Silencio.*)

8. ¿Puedo retirarme?

CLAVARIA   Perdonad, padre, ¿puedo retirarme?

POSTULADOR   ¿Por qué?

CLAVARIA   Aquí no pinto nada y me estoy quedando como esta llave.

POSTULADOR   No. Cerrad la puerta para que no asomen las otras hermanas, y quedaos.

CLAVARIA   ¿Pero por qué, si no soy útil?

POSTULADOR   Vaya que si lo sois.

CLAVARIA   ¿Para qué?

POSTULADOR   Para decirme lo que calla la priora, que es más lista que el hambre.

CLAVARIA   Como ordenéis.

                  (*Acude a cerrar la puerta con dos vueltas de llave.*)

9. ¿Sois carmelita?

PRIORA   Perdonad mi curiosidad, padre: ¿sois car-
                melita?

POSTULADOR   ¿No lo veis en mis hábitos? ¿Cómo, si no,
                me iba a enviar el prepósito?

PRIORA   ¿Descalzo?

POSTULADOR   Me estáis ofendiendo, hija.

PRIORA   ¿Y, como carmelita, no os gustaría que la
                madre Ana de Jesús fuese beatificada?

POSTULADOR   Para eso estamos.

PRIORA   Pues parece que os centráis en los defectos
                y prescindís de las virtudes.

POSTULADOR   Aquí no se trata de lo que yo quiera. Soy un
                juramentado. Tengo que renunciar a mis in-
                clinaciones. Mi misión es llegar hasta el fon-
                do (*Con mucho énfasis gestual.*) y extraer la
                verdad.

PRIORA   Lo hacéis tan bien que por momentos pa-
                recéis un familiar de la Inquisición.

POSTULADOR   Me abrumáis, hija. Todo se andará. Todo se
               andará. (*Silencio.*) Y otra vez me estáis cam-
               biando de tema. Qué sabia sois. ¿De qué ha-
               blábamos?

DAGA   Del poema de los amantes y cervatillos.

POSTULADOR   ¡He oído tanto sobre ese poema: «El cán-
               tico espiritual»! Pero no he tenido ocasión
               de leerlo. El Santo Oficio lo guarda con los
               libros del infierno.

CLAVARIA   Tengo entendido que ya no.

POSTULADOR   (*Trasladando la atención a* CLAVARIA.) ¿Cómo
               sabéis tanto sobre ese poema?

CLAVARIA   Se escribió en este mismo carmelo. ¿Cómo
               no voy a sentir curiosidad?

POSTULADOR   Curiosidad. (*A las dos.*) A lo mejor inclu-
               so lo tenéis memorizado y me lo podéis re-
               citar para que yo también me solace.

CLAVARIA
/PRIORA   Nooo, dios nos libre.

POSTULADOR   ¿Por qué os negáis? Como habéis dicho, el
               Santo Oficio le ha levantado el veto. Ya no
               es pecado declamarlo.

CLAVARIA   Ya, pero sabérselo de memoria… (*Mirando
               con disimulo a* PRIORA.) Qué locura.

POSTULADOR	Lo que es seguro es que lo tendréis entre los documentos del monasterio.
PRIORA	Tampoco. Cuando el Santo Oficio estuvo investigando a la madre Teresa, se quemaron un montón de cartas y documentos.
POSTULADOR	¿De sor Ana de Jesús?
PRIORA	Muchos de ella, sí. La mayor parte.
POSTULADOR	Qué contratiempo.
PRIORA	¿Por qué?
POSTULADOR	Son los escritos, las cartas, los que más empujan a un siervo de Dios a los altares. Las palabras, los testimonios pesan menos, porque se los lleva el viento. A vos, por ejemplo, se os nota inclinación por sor Ana. Vuestro testimonio está sesgado.
PRIORA	Soy monja y no puedo mentir. Cuanto os digo es verdad.
POSTULADOR	Pero calláis cosas. Que es otra manera de mentir.
PRIORA	Decidme qué es lo que callo.
POSTULADOR	¿Cómo puedo saberlo, si lo calláis?
PRIORA	¿Y cómo sabéis que lo callo?

POSTULADOR Por la intuición del que se dedica a esto. Por oficio. Lo leo en vuestros ojos. (*Silencio. Dirigiéndose a* CLAVARIA.) ¿Vos podéis añadir algo a lo que se ha dicho?

CLAVARIA No sabría qué.

POSTULADOR Hemos llegado a un punto muerto de la investigación. (*Sondeando a* DAGA.) Esto a veces pasa en todas las investigaciones.

(*Silencio.*)

10. Sacad papeles

DAGA   (*A* POSTULADOR.) Que saquen los papeles.

POSTULADOR   ¡Eso! ¡Andad, traedme todo lo que encontréis sobre sor Ana de Jesús! Y de paso, sobre fray Juan de la Cruz. Las cartas, los diarios, el poema de los cervatillos, si es que queda alguna copia rodando en vuestros anaqueles.

PRIORA   ¿Que los saquemos aquí fuera?

POSTULADOR   Sí, aquí fuera. Son papeles. No se van a resfriar.

PRIORA   ¿Pero no sería mejor que pasarais y aguardarais dentro?

CLAVARIA   El padre tendrá sus razones, madre. Nosotras no somos quiénes para cuestionar sus órdenes. Vamos, antes de que se desperecen los gallos.

POSTULADOR   (*Dirigiéndose a* CLAVARIA.) Así me gusta. ¿Veis cómo sabéis ser útil? (*Haciendo un gesto con la cabeza a* DAGA.) Además, vamos a hacer un fueguecito para calentarnos. Y, de paso, si hay algún papel comprometedor para el bien de nuestra sierva de Dios, avivaremos la hoguera con él.

PRIORA   ¿Estáis insinuando que vais a quemar nuestros documentos?

POSTULADOR   Lo que no sirva para el objetivo que traemos. Ya se nos han malogrado algunos beatos porque afloraron documentos que los comprometían. No hace tanto, le ocurrió a fray Narciso del Espíritu Santo. Se las traía con los novicios, y fue tan tonto de dejar constancia. Esto no va a volver a ocurrir. Venga, daos prisa.

PRIORA   Pero, examinar los documentos requiere tiempo…

POSTULADOR   He dicho que los traigáis. Si tenéis dudas, sacadlos todos y que el fuego decida.

PRIORA   Aunque hay poca luz, buscaremos con diligencia lo mejor que podamos.

POSTULADOR   Aquí estaremos esperando.

DAGA   Al sereno.

11. Darles para que desfoguen el ansia

CLAVARIA   Este monje está como un cencerro.

PRIORA   Chist, a ver si os oye. Que es tonto, pero tiene los sentidos muy vivos.

(PRIORA *rebusca en el arcón.*)

CLAVARIA   (*Nerviosa.*) Quemar documentos. Qué ocurrencia. Insinuar que el padre Juan de la Cruz y la madre Ana de Jesús mantuvieron relaciones carnales… (*La* PRIORA *la mira. Silencio.*) Por lo menos se han quedado ahí fuera. No le van las mujeres a ese zángano. El otro en cambio le da un susto al miedo. Qué monje tan sombrío. Cada vez que me mira, me estremezco. Es solo pensar en él y noto tiritera. ¿Madre, me queréis decir qué estamos buscando?

PRIORA   Antes que nada, lo que de ninguna manera puede quemarse.

CLAVARIA   Así, con estos nervios, yo no sé distinguir. A mí todo me parece valioso. Además, que me tiemblan mucho las manos. Me tiemblan y no las siento de lo heladas que las tengo.

Hay que ver el capricho de venir en la noche más fría del año. ¿Qué prisa hay?

PRIORA   Sostened esto. Y callad un poco. Que yo también estoy nerviosa.

CLAVARIA   ¿Pero, por qué esforzarnos? Todo lo que les demos lo van a quemar.

PRIORA   (*Sin dejar de rebuscar en los libros.*) Precisamente. Habrá que darles mucho bulto para que desfoguen el ansia de quemar.

CLAVARIA   Ah, ya entiendo. Un amasijo de las cosas que no valgan.

PRIORA   Eso es. El misterio es qué darles. Porque a mí también me parece todo valioso. Hay algo de tortura en tener que elegir nosotras lo que sabemos que va a perderse.

CLAVARIA   Papeles que abulten mucho. Tochos. ¿Y ese?

PRIORA   Este no se toca.

12. Sois confiado

DAGA Me alegra comprobar que sois tan confiado.

POSTULADOR Encarecéis mi bondad.

DAGA Sin duda.

  (*Silencio.*)

POSTULADOR ¿Por qué lo habéis dicho? Lo de confiado.

DAGA ¿Cómo podéis estar seguro de que van a sacar todos los documentos?

POSTULADOR Son monjas. Su condición es obedecer.

DAGA Si yo fuera una de ellas, a lo mejor estaría pensando guardarme en los pechos algún papelito, sin más interés que el sentimental.

POSTULADOR Ya, claro.

DAGA Total, ellas no comparten la importancia de vuestro ministerio. Y por tanto no entienden que haya que llegar hasta el fondo.

POSTULADOR Lleváis razón. Quizá deba exhortarlas a que obedezcan con rectitud mis indicaciones.

DAGA   O quizá debamos entrar y comprobar que las están cumpliendo.

POSTULADOR   Eso no. Es un convento de clausura.

DAGA   Y vos sois el postulador, que para eso os han dado la encomienda.

POSTULADOR   Eso es verdad. Para que tengan que sincerarse conmigo por el voto que han hecho.

DAGA   Y para entrar si fuere necesario. Nadie en su juicio pensaría que los investigadores se van a quedar extramuros, sin tocar con sus propias manos los documentos que investigan. Y más con la que está cayendo aquí fuera.

POSTULADOR   Luego pueden venirnos con que hemos violado la clausura. Estas cosas trascienden, van de boca en boca. Llegarían a Roma.

DAGA   ¿Quién se va a enterar?

POSTULADOR   Aun así, y para no liarla, prefiero que no entremos.

DAGA   Tened en cuenta que mi alma y mi reputación hace tiempo que están perdidas. (*Pausa.*) Dadme una orden y entraré yo solo.

POSTULADOR   ¿Con vuestra fama? Si pasa algo… Que Dios no lo quiera… El responsable seguiré siendo yo.

DAGA   Os juro que no haré nada que pueda aca-
       rrearos mala fama.

POSTULADOR   Que no, fray Lucio (*Sujetándolo.*)· Os ordeno
             esperar aquí conmigo.

13. Faltan documentos

Clavaria y *Priora* *salen arrastrando un gran paño repleto de libros.*

CLAVARIA   ¿Dónde los ponemos?

POSTULADOR   Allí detrás, donde fray Lucio ha juntado las piedras. (*Observando atentamente.*) ¿Seguro que está todo? Vaya una biblioteca famélica la vuestra.

             (*Mira a* DAGA.)

PRIORA   El Santo Oficio ya hizo purga cuando la investigación a la madre Teresa de Jesús. Muy pronto santa.

             (*Se santigua.*)

POSTULADOR   ¿El Santo Oficio, o el miedo al Santo Oficio?

PRIORA   Ambas cosas. Supongo. (POSTULADOR *cabecea satisfecho por su perspicacia.*) El caso es que ya teníamos los arcones casi vacíos. Luego a luego quedarán solo las telarañas.

POSTULADOR   Una limpieza siempre es enriquecedora. Ceniza somos y en ceniza nos convertiremos. Pero colijo por vuestras palabras que no habéis traído todo.

PRIORA   Solo lo que compete a la madre Ana de Jesús.

POSTULADOR   No, hija mía. Me habéis entendido mal. He dicho ¡todo! No quiero ni pensar que algún papelito comprometedor se mezcle, como una flor seca, entre las páginas de un libro.

PRIORA   Si me permitís, padre. Yo creo que alguno de estos documentos que vais a entregar a las llamas son más valiosos si se conservan íntegros que si desaparecen.

POSTULADOR   ¿Valiosos para qué?

PRIORA   Vos mismo lo habéis dicho: en un proceso de beatificación pesan más los papeles que lo que digan los testigos. Y ya son demasiado escasos los papeles que nos quedan para encima quemarlos. Al final lo que demuestran es la bondad y la dedicación de la madre.

POSTULADOR   Soy yo quien debe decidirlo.

PRIORA   Por eso lo someto a vuestra consideración.

POSTULADOR   A qué documento os referís.

PRIORA   Por ejemplo, esta carta del provincial fray Jerónimo Gracián.

POSTULADOR   A ver, traed. (PRIORA *le acerca el documento y* POSTULADOR *lee.*) Este fray Gracián era un bicho. Mirad con qué pericia entrevera sus requiebros con los consejos piadosos.

PRIORA   ¿Requiebros, decís?

POSTULADOR   Sí, requiebros, piropos (*En tono pedagógico. Lee en voz alta.*) «Jesús sea en sus almas, hijas mías». Y más adelante: «con gran facilidad pueden ser santas, y, con mucho deleite y amparo seguro, andar en deleite del amado esposo». Ya veis. Mucho deleite. Deleite en el paso. Deleite del amado esposo.

                (*Repite con énfasis.*)

PRIORA   Con todos los respetos, padre. Se está refiriendo a Dios. Somos monjas. Somos las esposas de Dios.

POSTULADOR   Sí, pero sin tanto deleite. A la hoguera.

PRIORA   Lo que mandéis, padre.

                (*Llevando los libros.*)

POSTULADOR   Sacad lo que queda.

PRIORA   Ya solo quedan cosas que no tienen que ver
                con vuestro asunto.

POSTULADOR   Vos llevasteis el poema de los cervatillos a
                que lo copiasen en…

                (*Hace resonar pitos con los dedos instando a*
                DAGA.)

DAGA   (*Repasando sus notas.*) A Baeza y a Jaén.

POSTULADOR   A Baeza y a Jaén. Lo ha dicho vuestra com-
                pañera.

PRIORA   «El cántico espiritual». Es cierto.

POSTULADOR   Después, una vez copiado, tornaríais aquí
                con el original. ¿Dónde está?

PRIORA   La madre Ana de Jesús se lo llevó a París y
                luego a Bruselas. Era un regalo del padre Juan.

POSTULADOR   ¿Queréis decir que mandó hacer copias de
                ese Cántico del cervatillo para otros con-
                ventos y no dejó ninguna en este carmelo,
                que fue donde el padre Juan lo compuso?

PRIORA   Ya os he dicho que no está.

                (CLAVARIA *la mira sorprendida, y su mirada*
                no le pasa desapercibida a DAGA, *que no la*
                pierde de vista.)

DAGA   Dejadme que entre yo y lo compruebe.

POSTULADOR   No puedo creer que estéis intentando engañarme.

PRIORA   No os engaño.

POSTULADOR   ¿Lo juráis por Dios?

              (*Empuña el crucifijo y se lo muestra.*)

CLAVARIA   (*Interviene a la desesperada.*) Como hay poca luz, ¿qué os parece, padre, si sacamos todos nuestros documentos? Todos. Si el que decís estuviera revuelto con ellos, aparecerá.

POSTULADOR   (*Sin quitar la vista de la* PRIORA.) Sea. Sacadlos todos, quememoslos y que el mundo solo oiga las palabras que se lleva el viento, no las que permanecen y pueden malinterpretarse.

PRIORA   (*Manteniendo la mirada de* POSTULADOR, *antes de girarse.*) Como mandéis.

              (CLAVARIA *y* PRIORA *se acercan cabizbajas a la puerta.*)

POSTULADOR   Que no quede nada, hijas. Que no tenga que entrar fray Lucio a comprobarlo. Que no sabéis cómo las gasta.

(CLAVARIA y PRIORA *asienten, se vuelven hacia la puerta y desaparecen tras ella.*)

14. Saquémoslo todo corriendo

CLAVARIA ¿Os habéis vuelto loca, madre? Estabais dispuesta a condenaros por ese poema. Por un poema.

PRIORA No me pellizquéis, hija. La madre Ana de Jesús me pidió que lo defendiese con mi virtud y con mi vida.

CLAVARIA Pero eso fue hace muchos años.

PRIORA La sigo oyendo como si la tuviera aquí delante.

CLAVARIA Ande, ayúdeme con el fardo, madre. Saquémoslo todo corriendo, antes de que el postulador ordene actuar a ese monje que me hiela la sangre.

15. Las monjas son documentos vivos

DAGA   Imaginad que el documento es la mujer misma.

POSTULADOR   ¿Qué queréis decir? No os entiendo.

DAGA   Digo que puede que haya lances amorosos que no hayan quedado por escrito, pero de los que guarde memoria en su carne la persona que los vivió.

POSTULADOR   ¿Estáis jugando a los enigmas conmigo?

DAGA   Digo que… Como poder, poder… no solo sor Ana de Jesús, sino también esta priora, pudieron haber mantenido trato carnal con fray Juan de la Cruz.

POSTULADOR   Vamos a ver, Daga: ¿estáis insinuando que se acostaron todas con fray Juan? Por muy sátiro que fuera, parece un poco exagerado. Demasiada gente implicada para que no haya trascendido.

DAGA   Si supierais cuántas cosas aún más atroces no trascienden.

POSTULADOR   No quiero ni imaginarme las cosas que ha-
             béis visto. Es más, no me contéis.

DAGA   De acuerdo, os ahorraré los ejemplos.

16. No puede ser más valioso que la Biblia

En lugar de ayudar a CLAVARIA, PRIORA *va de un lado a otro como loca, con el libro abrazado al pecho.*

CLAVARIA   ¿Qué estáis haciendo?

PRIORA   No puedo permitir que queme este libro. No puedo, no puedo. Antes que me queme a mí. Que me queme yo en los infiernos.

CLAVARIA   Es la voluntad de Dios y nosotras no somos quién para interpretar sus designios. Nuestro Señor nos habla por boca de ese fraile.

PRIORA   Si fuera la voluntad de Dios, no me hubiera puesto a mí aquí para evitarlo.

CLAVARIA   Pero, madre, en Baeza y Jaén quedan otros ejemplares que llevasteis. El libro se salvará.

PRIORA   ¿No habéis visto cómo tomaban nota de los paraderos? Su afán es quemar todas las copias. Destruir el legado.

CLAVARIA   No puede ser más valioso ese poema que libros sagrados que hemos entregado ya a las llamas. No puede ser más palabra de Dios que la Biblia. Además, hemos de obedecer, según la regla. Es nuestro superior.

PRIORA   ¿Obedecer a este monje desconocido solo porque es hombre, antes que a mi madre Ana de Jesús?

17. Solo quedan dos

POSTULADOR   Aun así, es imposible que lleguemos al fondo de esas relaciones, a menos que la priora las confiese. Y no parece dispuesta.

DAGA   Estáis quemando documentos solo para evitar que se nos cuele alguno que pueda delatar malas prácticas.

POSTULADOR   Pero los documentos son papeles.

DAGA   Si de verdad fornicaron, la mujer que lo vivió no puede borrarlo de su memoria ni de su cuerpo. Es un documento vivo.

POSTULADOR   Os he entendido.

DAGA   Edad tenía. Según ella misma ha confesado.

POSTULADOR   Edad tenía, en efecto.

DAGA   ¿Veis cómo cuadra?

POSTULADOR   A ver, ¿no estaréis insinuando que deberíamos quemarla en la hoguera, con los libros?

DAGA   No hace falta llegar a tanto.

POSTULADOR   Menos mal, porque ya me estaban entran-
do los sudores de la muerte.

DAGA   Dadme una orden y no hará falta quemarlas.

18. ¡Traed!

CLAVARIA   ¿Pero, qué remedio nos queda?

PRIORA   No lo sé, no lo sé. Ningún escondite me parece bueno.

CLAVARIA   Cuanto más nos retrasemos, más van a sospechar.

PRIORA   (*Mirando a las alturas.*) ¡Madre Ana, ayudadme!

CLAVARIA   ¡Traed!

              (*Le quita el libro y se lo introduce en el hábito.*)

PRIORA   Pero…

CLAVARIA   No lo van a notar. Ya he ocultado aquí otras cosas. ¿Quién mira en los pechos de una monja? Ayudadme con el fardo, vamos.

19. ¡Quemarlas decís!

POSTULADOR   ¿Quemarlas, decís? ¿Así, en plural?

DAGA   La una lo vivió y las otras monjas son testigos de sus palabras. No hará falta quemarlas, he dicho.

POSTULADOR   Estamos jugando con fuego.

DAGA   Solo hemos visto a dos. Pero las mujeres hablan. Siete mujeres, encerradas tantos años, seguro que han tenido tiempo de contarse todas las miserias.

POSTULADOR   Son monjas, Lucio.

DAGA   Mujeres son.

POSTULADOR   ¿Y qué orden queréis que os dé? ¿Queréis que os diga: matadlas?

DAGA   Eso mismo.

POSTULADOR   Jesús, María y José. (*Santiguándose.*) Qué ligero andáis de manos.

DAGA   Yo solo quiero ayudar a que vuestra misión llegue a buen término.

POSTULADOR   ¿A buen término decís? Ya sé que vos solo obedecéis órdenes. Vuestra conciencia se limpia obedeciendo cuanto hagáis por el bien de la empresa divina. Pero el responsable, el que ha de cargar con el peso de las decisiones, es el que da las órdenes. Ese soy yo.

DAGA   ¿Y qué decís?

POSTULADOR   Que no, que no, que no.

DAGA   Como queráis. Ya salen.

20. Quien mintió una vez miente ciento

Otra vez la maniobra con las llaves y las dos monjas salen muy cargadas. DAGA *aprovecha que están todos distraídos para deslizarse en el interior del convento.*

POSTULADOR   Veis como aún quedaban documentos.

PRIORA   Aquí están todos.

POSTULADOR   Habéis tardado.

CLAVARIA   Hemos tenido que vendimiarlos por todo el carmelo. Como los queríais todos…

POSTULADOR   Pero ya habéis intentado engañarme antes. No sois obedientes, hijas. No me dejáis más opción que entrar a comprobar que esta vez sí me habéis obedecido.

    (CLAVARIA *da un respingo.*)

CLAVARIA   ¡Si está todo aquí fuera!

POSTULADOR   Quien mintió una vez miente ciento. (PRIORA y CLAVARIA *depositan su carga.*) Además, se os ve aliviadas. Más como si acabarais de resolver un problema que como si tuvierais que afrontarlo.

PRIORA   Hay decisiones que cuesta mucho tomar. Pero, cuando una acepta que es Dios nuestro Señor quien quiere que así sea, se siente liberada por cumplir su voluntad.

POSTULADOR   Ya. Así me gusta.

PRIORA   Estas siervas de Cristo están a lo que mandéis.

21. No hay más monjas

DAGA *sale del convento.*

DAGA   No hay nadie.

POSTULADOR   ¿Y las otras?

CLAVARIA   Las otras…

                (CLAVARIA *empieza a balbucir una explicación,
                pero* PRIORA *la contiene.*)

PRIORA   No hay más monjas que nosotras.

POSTULADOR   ¿Y qué ha pasado con las demás?, ¿se han
                escapado, se han ido a la romería…?

DAGA   No hay nadie.

PRIORA   No hay más monjas que nosotras.

POSTULADOR   También en eso habéis mentido. No tengo
                tiempo ahora de confesaros, pero necesitáis
                un confesor rápido.

PRIORA   Como mandéis.

POSTULADOR — No entiendo por qué. ¿Por qué no lo habéis dicho antes, desde el principio?

PRIORA — No queremos que cierren el convento por ser tan pocas y que nos trasladen. Estamos intentando incorporar a unas vecinas, pero no terminan de decidirse.

DAGA — Demasiada austeridad.

POSTULADOR — Entenderéis que tengo que dar parte a nuestros superiores.

PRIORA — Es vuestro deber, padre.

POSTULADOR — Creo que de pronto han salido en torrente todas las verdades sin ninguna traba. Están todas ya dichas. (*A* PRIORA.) ¿Verdad, hija? Lo preguntaré una vez más para daros ocasión de reparar el daño: ¿Queda algún libro o documento dentro?

PRIORA — No.

POSTULADOR — Me vale. (DAGA *le hace señas.*) Fray Lucio me alerta sobre la posibilidad de que hayáis guardado algún papel en vuestro seno. ¡Por valor sentimental!

CLAVARIA — ¿Queréis que os enseñemos?

PRIORA — No encontraréis nada. Nada más que senos.

(*Se abre el hábito y deja entrever los pechos.*)

POSTULADOR   Me fío, me fío, me fío.

22. ¿Queréis sopa?

POSTULADOR   Como habéis visto, somos rigurosos e inflexibles. Aunque sor Ana de Jesús fuese de nuestra Orden, se la examina con rigor porque es importante que si sube a los altares lo haga con todas las garantías de no tener que bajarse de mala manera. Bueno, pues ya podemos irnos, Lucio.

PRIORA   (*Mirando las llamas y hablando para sí misma.*) Está bien, madre Ana, sea como propones. (*A* POSTULADOR.) ¿Os vais a poner en camino así sin descansar, con la mala noche que hace?

POSTULADOR   Ese es nuestro oficio, hermana.

PRIORA   Dejadnos al menos que os calentemos unos cucharones de sopa que han quedado en el caldero. Para que llevéis el cuerpo entonado.

POSTULADOR   No estaría de más.

PRIORA   Pues si tenéis la paciencia de esperar un poco, estarán en un decir amén.

POSTULADOR   Con gusto esperaremos. ¿Lucio cómo va el
               fuego?

DAGA   Devorando pruebas.

23. ¿Qué echáis a la sopa?

CLAVARIA   ¿Os habéis vuelto loca, madre? ¿Cómo se os ocurre ofrecerles sopa cuando ya se iban?

PRIORA   ¿Habéis olvidado la piedad? Atizad la lumbre y arrimad el caldero.

CLAVARIA   ¿Pero es que no tenéis las mismas ganas que yo de que se vayan? ¿No veis que el fraile sombrío lleva toda la noche afilando su daga? Al final veo que nos matan, madre. Íbamos a salvar vuestro poema. Ya no estoy tan segura ni siquiera de que nos salvemos nosotras.

PRIORA   Que se cumpla la voluntad de Dios nuestro Señor.

CLAVARIA   ¿Qué es ese saquito?

PRIORA   Rezadle a la madre Ana de Jesús para que obre su milagro.

CLAVARIA   ¿Qué estáis echando a la sopa?

PRIORA   Más sabor para este caldo.

CLAVARIA · ¿Veneno? ¿Vais a matarlos? Os habéis vuelto loca. ¿Esta era la piedad de la que hablabais?

PRIORA · La piedad que les debemos a las futuras víctimas de esos miserables. Toda la vida que me quede estaría arrepintiéndome de no haberlas salvado de sus garras.

CLAVARIA · Pero ¿pero matar? Os condenaréis.

PRIORA · Dios lleva toda la noche poniéndome a prueba. Creo que esta es también su voluntad.

(Con decisión, empuña un gran cuchillo de cocina y se lo guarda en el hábito.)

CLAVARIA · Madre, no os reconozco en esta determinación. Parecéis poseída. Me estáis dando miedo. Tanto miedo como el monje sombrío.

PRIORA · Pues no queráis saber más. Ayudad al caldo rezando.

24. Dadme la orden y seréis prepósito

POSTULADOR Dejad de afilar la daga, Lucio. Me estáis poniendo nervioso.

DAGA Como ordenéis, padre.

POSTULADOR A ver si sale el caldo y nos entona. Hace un frío de muerte.

DAGA Estáis destemplado. Acercaos más a la hoguera.

POSTULADOR Si me acerco más, me voy a quemar los pensamientos. (*Silencio.*) El crepitar de vuestro cerebro no me deja oír la crepitación de la hoguera. ¿En qué pensáis?

DAGA En que solo son dos.

POSTULADOR Como nosotros.

DAGA Y en que puede que mañana hagan correr la voz con noticias que arruinen vuestra misión. Y vuestra futura santidad.

POSTULADOR No se me ocurre cómo.

DAGA   ¿Vos pensáis que esto de quemar los libros
                ha sido buena idea?

POSTULADOR   Si lo que contienen es doloso, sí.

DAGA   Lo que contienen es lo de menos. Quemar
                libros trae siempre mala fama. Quemar li-
                bros se considera cosa del demonio.

POSTULADOR   No estoy de acuerdo. El Santo Oficio tiene
                una larga lista de libros prohibidos.

DAGA   Para no tener que quemarlos.

POSTULADOR   A buenas horas sacáis a relucir vuestras pre-
                venciones. Cuando ya no hay remedio.

DAGA   No me habéis preguntado.

POSTULADOR   Sigo sin preguntaros.

DAGA   Perdonad. Había entendido que sí.

                (*Silencio.*)

POSTULADOR   ¿Y cómo sugerís que remediemos el error
                de quemar libros?

DAGA   ¿De verdad os interesa saberlo? Lo estáis
                preguntando.

POSTULADOR   Sí, os estoy preguntando.

DAGA	Eliminando testigos.
POSTULADOR	Debería haberme imaginado que era ahí adonde queríais llevarme.
DAGA	Solo son dos.
POSTULADOR	Y estáis esperando que os dé la orden y bla-bablá, blabablá…
DAGA	Así es.
POSTULADOR	No se me ha pasado por la imaginación condenarme.
DAGA	Seréis un santo del que nadie tendrá noticia. No creo que Roma apruebe esta hoguera que habéis ordenado hoy.
POSTULADOR	Os habéis propuesto martirizarme. No importa, estoy preparado.
DAGA	Al contrario, os admiro. Cuántos hombres preferirían la gloria terrenal a la vida eterna. Que es una cosa a la que yo he renunciado, por cierto.
POSTULADOR	¿Vos no creéis en la vida eterna?
DAGA	No. No para mí. Quiero decir. ¿Y vos?
POSTULADOR	¿Bromeáis?

DAGA

Tengo el problema de no saber bromear. ¿Creéis en Dios, padre Yago?

POSTULADOR

Dejadme. No quiero oíros.

DAGA

Porque, si no creéis en Dios, conmigo no tenéis que fingir. Yo tampoco creo.

POSTULADOR

Estáis loco. Sois un fraile. Durante los días que llevamos de camino no he dejado de preguntarme por qué el prepósito os eligió para que vinierais conmigo. Ahora empiezo a entenderlo. Quería eliminar a un rival. A mí. Me puso al demonio mismo como compañero de viaje.

DAGA

A lo mejor porque el prepósito tampoco cree en Dios y no quiere rivales en la única gloria posible, la que ofrece esta vida.

POSTULADOR

Os habéis quitado la máscara. Habláis a tumba abierta.

DAGA

No tengo necesidad de fingir.

POSTULADOR

Pero esto es maravilloso. Estoy sufriendo una tentación como la que Cristo sufrió en el desierto. Esto es verdaderamente alentador. Solo los grandes hombres la reciben.

DAGA

Solo son grandes después, cuando la han superado.

POSTULADOR   Vade retro, Satanás.

DAGA   Dadme una orden y seréis prepósito algún
              día. Puede que hasta Papa. No me la deis y
              seréis siempre el oscuro monje que quemó
              unos libros en Beas…

POSTULADOR   Quita.

25. Venga, que está calentito

Se oyen las llaves en las cerraduras. Luego asoman CLAVARIA *y* PRIORA *portando un caldero.*

PRIORA   Venga, que está calentito.

POSTULADOR   Si lo hubierais pensado mejor, podríais haber aprovechado este fuego en vez de encender otro.

CLAVARIA   Aprovechar el fuego que está abrasando nuestros libros…

PRIORA   La cocinilla está siempre a punto.

DAGA   A mí no me gusta la sopa. Me parece una comida sin alma. Donde esté un buen tasajo…

CLAVARIA   De eso no nos queda.

POSTULADOR   Pues a mí sí que me gusta. Echadme un par de cazos. Qué rica. Se nota la mano de monja porque está muy sabroso. Y muy aderezado. No identifico las hierbas…

CLAVARIA	Es una receta especial de la madre priora.

(*Todos miran comer a* POSTULADOR.)

POSTULADOR	¿Vosotras no coméis, hijas?
CLAVARIA	A estas horas no tengo hambre.
PRIORA	A nosotras no nos aguarda un viaje tan duro como a vuestras reverencias.
POSTULADOR	Pero, era vuestro almuerzo y no os quedará nada.
PRIORA	Nosotras vamos derechas a la oración. Y para orar conviene más el ayuno.

26. El veneno no funciona

CLAVARIA   (*En un aparte.*) Ay, madre, que el veneno o es muy lento, o no está funcionando.

PRIORA   Eso veo.

CLAVARIA   Pero ¿le habéis echado una buena dosis?

PRIORA   Cuanto era menester.

CLAVARIA   Mirad qué vivo. Se le nota más entonado que antes.

PRIORA   El caldo funciona. El veneno, no.

CLAVARIA   Pues estamos perdidas. A mí el sombrío no me quita ojo. Hace rato que está jugando conmigo al ratón y al gato.

PRIORA   Me he dado cuenta.

27. La escena del cuchillo

POSTULADOR   Se os ve muy cómplices.

CLAVARIA   Qué remedio, somos dos mujeres solas.

POSTULADOR   Pues ya que la sopa me ha despabilado… Hija, (*Dirigiéndose a* PRIORA.) no querría marcharme sin haceros una última pregunta.

PRIORA   Vuestra reverencia dirá, padre.

POSTULADOR   Es un poco delicada.

PRIORA   Os escucho.

POSTULADOR   Habéis dicho que no os consta que fray Juan de la Cruz y sor Ana de Jesús mantuvieron relaciones carnales.

PRIORA   He dicho que suponiendo que las tuvieran, que es mucho suponer.

POSTULADOR   ¿Y vos? ¿Tuvisteis vos relaciones carnales con el vicario?

PRIORA   Vais muy por lo derecho, padre.

POSTULADOR   Lo requiere mi ministerio. Y vos habéis perdido la ocasión de responder que no. Vuestras evasivas suenan como excusas. Si dijerais ahora que no, ya llegaría tarde ese «no». Contestad, madre, ¿las tuvisteis?

PRIORA   Vuestro ministerio afecta a la madre Ana. No veo qué relación guarda vuestro asunto con el padre Juan y con esta pobre monja.

POSTULADOR   ¡Tuvisteis esas relaciones! ¡No me mintáis, que estoy juramentado! Soy lo más parecido en este momento a vuestro director espiritual. (*Agarra a* PRIORA *por las muñecas.* CLAVARIA *sale corriendo e intenta refugiarse en el convento.* DAGA *la sigue.* PRIORA *los ve y saca el cuchillo.*) No creo que necesitemos eso.

PRIORA   Al contrario, nos hará falta.

POSTULADOR   ¿Para qué?

PRIORA   Para que aclaréis vuestras verdaderas intenciones.

POSTULADOR   Ya os he dicho. Recabo información para subir a los altares a sor Ana de Jesús.

PRIORA   No me ha parecido que estéis a su favor. Más bien os estáis asegurando de dejarla sin pruebas.

POSTULADOR ¿Cómo podéis insinuar eso? Creedme si os digo que…

PRIORA No mintáis, padre. Es lo que lleváis haciendo desde que murieron la madre Teresa y el padre Juan. Vuestra reverencia y yo sabemos que la madre Ana tuvo que salir por pies de Madrid. Que tuvo que quemar casi todas sus cartas para evitar que las usarais en contra de los descalzos...

POSTULADOR Pero si yo soy descalzo…

PRIORA De los falsos descalzos, de los intrusos que habéis desbaratado la obra de la madre Teresa.

POSTULADOR Jesús, ¡qué ocurrencia!

PRIORA Os asegurasteis de que muriera lejos sor Ana, la que más ayudó a la madre Teresa, al padre Juan y a fray Luis. Y ahora os estáis asegurando de que no suba a los altares.

POSTULADOR ¿Cómo podéis pensar tamaña…?

PRIORA No pienso, lo sé. Como sé que os aprovecháis de vuestro ministerio para satisfacer vuestros instintos libidinosos.

POSTULADOR Os habéis vuelto completamente loca. Fray Lucio, fray Lucio. No me sale la voz del hábito.

PRIORA   ¿Necesitáis a fray Lucio para que os de-
                fienda? ¿No sabéis defenderos solo?

POSTULADOR   Soy un ministro de Cristo, un juramenta-
                do, un hombre de paz.

PRIORA   Entonces el señor os acogerá en su seno.

POSTULADOR   Fray Lucio, fray Lucio. Esta monja se ha
                vuelto loca. Me quiere matar. Fray Lucio.

28. Se os ha ido la mano

Sale DAGA *solo por la puerta del convento, relamiendo su daga. Los otros dos se quedan paralizados.*

DAGA   ¿Qué pasa aquí?

POSTULADOR   Menos mal que asomáis. Quitadme de encima a esta ménade.

DAGA   ¿Me lo ordenáis?

POSTULADOR   Pues claro que os lo ordeno. Daos prisa que me mata.

DAGA   Aquí vengo.

                 (*Le arrebata el cuchillo a* PRIORA *con la facilidad de alguien que está acostumbrado a batirse en escaramuzas.* PRIORA *se aleja hacia el convento con determinación.*)

POSTULADOR   No la dejéis ir, que volverá con un pincho mayor.

DAGA   Volverá sin pincho.

(*Pasados unos segundos, se oye gritar a* Priora *fuera de escena.*)

Priora   La habéis matado. La habéis degollado. Le habéis roto el hábito. Está con los pechos al aire.

Postulador   Fray Lucio, se os ha ido la mano.

Daga   Mirad lo que se guardaba: (*Lee el título.*) «El cántico espiritual». Había que recuperarlo para echarlo al fuego con el resto. Os dejabais la misión a medias, padre Yago.

Postulador   No, no, no era necesario matarla, Lucio. Entre el uno y la otra me estáis poniendo a prueba. Ya no me cabe duda de que en este lance se está jugando mi santidad. Gracias, Dios mío por ponerme a prueba. Ahora, inspiradme, a ver qué hago para salir de esta.

29. Os libero de esa carga

DAGA   Pues, mirad, se me ocurre que lo mejor es que nadie pueda acusaros de lo que está pasando aquí, que vuestra santidad se conserve intacta. (*Sujetando por la espalda a* POSTULADOR *y amenazándole con el filo de la daga en el cuello.*) Ordenadme que os mate, padre.

POSTULADOR Lucio, yo creo que aún podemos salvarnos todos. Vos incluido.

DAGA   Yo no tengo tanta fe.

POSTULADOR Lucio, no andéis jugando.

DAGA   No juego. Dadme la orden.

POSTULADOR Os estoy dando la orden de que me dejéis.

DAGA   Esa orden va en contra de la misión que se me ha encomendado y de vuestra santidad.

POSTULADOR ¿De la misión? ¿De qué misión?

DAGA   Y con toda la razón porque habéis actuado con torpeza. Habéis quemado libros.

POSTULADOR   Vale, tomo nota. Actuaré con más diligencia en el futuro.

DAGA   Que actuéis con más diligencia es imposible.

POSTULADOR   ¿Por qué?

DAGA   Porque sois un inepto.

POSTULADOR   Vale, os permito que me insultéis. A lo mejor, incluso os doy la razón. Pero los ineptos también merecemos vivir.

DAGA   Los que mandan más de lo que merecen no.

POSTULADOR   Pero si he llegado hasta aquí, por algo será.

DAGA   Porque sois hijo de cardenal, tal vez.

POSTULADOR   Eso es imposible saberlo.

DAGA   Lo sabe todo el mundo.

POSTULADOR   (*Golpeándole con lo que encuentra a mano.*) Soltadme que me estáis asustando.

DAGA   Dadme la orden.

POSTULADOR   No. Aún estoy juramentado. Aún tengo una misión que cumplir. Una misión divina. Y vos también. No lo olvidéis, vuestra salvación está en juego.

DAGA (*Degollándolo.*) Os libero de esa carga.

30. Lo que queda de dios

Sale Priora.

DAGA   (*Limpiando el filo del arma y dirigiéndose a* Priora.) ¿Es esto lo que queríais, no? Pues aquí lo tenéis.

PRIORA   No sé lo que quería.

DAGA   Yo sí. Y vos también. Este miserable merecía morir.

PRIORA   ¿Y la pobre Catalina?

DAGA   Daños colaterales. Me aburro. Prefiero condenarme que aburrirme. (*Silencio.*) Una vez que uno empieza, ya no se detiene hasta acabar. Porque, ¿qué me impide ya acabar? Quemar el convento. Degollaros a vos. (Priora *esgrime el cucharón para defenderse pero* DAGA *se lo arrebata limpiamente.*) Dejad que rebañe la sopa, a ver si le encuentro ese saborcillo que decía mi fraile. (*Le da un lengüetazo profundo. Después se sienta y se queda observando a* Priora *con la fascinación con que se mira un fenómeno de feria.*) Una larga vida ya andando caminos y arrastrando mis pies por los conventos, y es la primera vez que estoy tan cerca de una santa.

PRIORA   ¿Quién?, ¿yo?

DAGA   (*Asiente despacio, pensativo, sin dejar de mirarla.*) La gente como vos merece vivir. Es necesario que haya cerca gente como vos. Con agallas para morar en la pobreza. Y con agallas para matar si la injusticia se hace insoportable.

PRIORA   No me siento orgullosa.

DAGA   Habéis tenido que pelearos con vuestra conciencia. Eso es heroico.

PRIORA   ¿Y qué he conseguido?

DAGA   Mi admiración.

PRIORA   La admiración de un asesino.

DAGA   Un semejante.

PRIORA   Yo no soy una asesina. No he matado.

DAGA   Solo porque os ha fallado el veneno.

PRIORA   Dios lo ha preferido así. No soy una asesina.

DAGA

Dios no se preocupa de esas cosas. Sí que lo sois. Y eso no se soluciona negándolo ni pataleando.

PRIORA

Sea como sea, no soy mejor que ellos.

DAGA

(*Levantándose.*) ¿No? Pues yo creo que sí. Mejor que este, seguro. Y mejor que la otra, también.

PRIORA

La pobre Catalina era inocente.

DAGA

Era.

(*Le da la espalda y empieza a alejarse.*)

PRIORA

También a vos he intentado mataros.

DAGA

Lo sé. Eso os hace aún más interesante.

PRIORA

¿Quién os habéis creído que sois? ¿Dios?

DAGA

(*Haciendo mutis y sin volver la cabeza.*) Lo que queda de él.

31. Priora recita de memoria

PRIORA *se acerca a la hoguera y toma un papel semicarbonizado.*

PRIORA

(*Empieza a recitar, un poco ansiosa y atropellada al principio; poco a poco va recuperando la entereza y la pausa.*)

¿Adónde te escondiste,
amado, y me dejaste con gemido?
Como el ciervo huiste,
habiéndome herido;
salí tras ti, clamando, y eras ido.

(*Su voz se va apagando poco a poco, hasta que deja de oírse en algún momento.*)

Pastores, los que fuerdes
allá, por las majadas, al otero,
si por ventura vierdes
aquel que yo más quiero,
decidle que adolezco, peno y muero.

Buscando mis amores,
iré por esos montes y riberas;
ni cogeré las flores,

ni temeré las fieras,
y pasaré los fuertes y fronteras.

¡Oh bosques y espesuras,
plantadas por la mano del amado!
¡Oh prado de verduras,
de flores esmaltado,
decid si por vosotros ha pasado!...

Oscuridad.

Esta primera edición de *la priora*,
de Arturo Tendero, terminó de imprimirse
en junio de dos mil veinticuatro,
en Madrid.